AF467379

PROJET DE LOI

SUR

LES ELECTIONS.

PROJET DE LOI

SUR

LES ÉLECTIONS.

PAR

M. LE CARDINAL DE LA LUZERNE.

PARIS,

A. EGRON, Imprimeur-Libraire, rue des Noyers, n° 37.
LE NORMANT, Imprimeur-Libraire, rue de Seine, n° 8.
PICHARD, Libraire, quai Conti, n° 5.

1820.

PROJET DE LOI

SUR

LES ÉLECTIONS.

TITRE PREMIER.

Des Assemblées d'Arrondissement.

LA nécessité d'assemblées électorales de deux degrés exige une discussion étendue, qui sera faite *ci-dessous*.

ARTICLE PREMIER.

IL y a dans chaque arrondissement une assemblée électorale.

La Charte exige, pour être électeur, une contribution directe. Le présent projet exige une contribution foncière. Les raisons de cette différence seront développées ci-dessous.

ARTICLE II.

Les assemblées d'arrondissement sont composées *de tous* les citoyens ayant leur domicile politique dans l'arrondissement, âgés au moins de trente ans, et payant au moins trois cents francs d'impositions foncières.

Il importe que les assemblées électorales soient assez nom-

ARTICLE III.

Le nombre des membres qui composent les assemblées d'ar-

breuses pour avoir de la considération, et pas assez pour dégénérer en cohues. C'est ce que procurent le présent article et les deux suivans.

Ce moyen, proposé dans l'article XXXIX de la Charte, pour suppléer au trop petit nombre d'éligibles, est le même qui est indiqué ici pour remédier au trop petit nombre d'électeurs.

rondissement ne peut ni être au-dessous de soixante, ni *excéder* deux cents.

Article IV.

Dans le cas où il ne se trouveroit pas dans l'arrondissement soixante citoyens âgés de trente ans, et payant trois cents francs d'impositions foncières, ce nombre sera complété par les plus imposés de l'arrondissement, ayant cet âge.

Article V.

Dans le cas où le nombre des citoyens de l'arrondissement, réuni sous les deux conditions ci-dessus, excède deux cents, le Roi les divise en sections, ainsi qu'il le juge convenable.

Article VI.

Une commission, composée du préfet dans les chefs-lieux de département, du sous-préfet dans les autres lieux des assemblées, et de six membres du Conseil d'arrondissement, désignés par le préfet, forme, d'après les états fournis par les maires et par les receveurs des impositions, la liste des citoyens qui, dans chaque arrondissement, ont droit de suffrage d'après l'article II ci-dessus.

Cette liste est affichée dans toutes les communes de l'arrondissement, au moins dix jours avant la réunion du Collége électoral.

En cas de réclamation contre les opérations de la Commission, le préfet prononce, assisté du Conseil du département.

Article VII.

Chaque assemblée d'arrondissement ou de section procède isolément et définitivement aux opérations qui lui sont attribuées.

Ces opérations sont :

1° De nommer des candidats à l'éligibilité, pour être députés ;

2° De présenter à la nomination du Roi des candidats pour le Conseil d'arrondissement.

L'ordonnance du Roi, du 13 juillet 1815, prescrivoit aux Colléges d'arrondissement la nomination de candidats à l'éligibilité.

Cette disposition a d'abord en faveur de son utilité la preuve la plus forte, l'expérience. On se trouva bien de ce mode aux élections de 1815.

Ensuite, il est facile de sentir qu'il est utile de présenter d'une manière particulière, au Collége électoral de tout département, les personnes qui, plus intimement connues dans leur voisinage, y sont regardées comme les plus capables et les plus dignes d'exercer les fonctions de député.

Le nombre des candidats était ainsi fixé par l'ordonnance du 13 juillet 1815.

ARTICLE VIII.

Le nombre des candidats à l'éligibilité, pour la députation, sera, dans chaque assemblée, égal au nombre des députés que doit avoir le département.

Ces candidats devront réunir les qualités requises pour être élu député, conformément à l'article XVI ci-dessous.

ARTICLE IX.

Le nombre des candidats que présente chaque assemblée, pour le Conseil d'arrondissement, est réglé par des ordonnances du Roi, en raison de la population et des contributions foncières.

Chaque président des assemblées d'arrondissement et de section transmet les listes des candidats nommés, soit pour la députation, soit pour le Conseil d'arrondissement, au préfet, qui remettra l'une au président du Collége électoral du département, et enverra l'autre au ministre de l'intérieur.

TITRE SECOND.

Des Colléges Electoraux de Département.

Article X.

Le nombre des électeurs composant les Colléges électoraux de département ne peut excéder deux cent cinquante, ni être au-dessous de cent cinquante.

Il est déterminé d'après le nombre de députés que le département a droit d'élire. Ainsi, ceux de ces Colléges qui ont deux députés à élire sont composés de cent soixante et dix membres : et ainsi de suite, en ajoutant vingt électeurs de plus, à raison de chaque député à élire, jusqu'au nombre de deux cent cinquante, lequel ne pourra être dépassé, quel que soit celui des députés à élire.

Il est utile de fixer le nombre des électeurs, ensorte qu'ils ne soient ni trop ni trop peu nombreux. Dans le premier cas, ils deviendroient une cohue : dans le second, ils n'exprimeroient pas le vœu du département.

Un projet de loi présenté par le ministre, à la session de 1815, fixoit à deux cent cinquante le maximum du nombre des membres du Collége électoral. La Chambre des Députés crut devoir le porter, par un amendement, à trois cents. La différence d'un sixième n'est pas très-importante, d'autant plus qu'elle n'aura lieu en son entier que dans peu de départemens ; on préfère sa fixation moindre, parce qu'il paroît plus utile que les Colléges soient moins nombreux, pourvu qu'ils le soient assez.

Article XI.

Sont électeurs, dans le Collége du département, les plus imposés aux contributions fon-

L'ordonnance du 13 juillet 1815 avoit réglé que les électeurs du Collége départemental seroient nommés par les Assemblées d'arrondissement : ce qui étoit conforme à l'ordre antérieur. Mais ce mode avoit l'inconvénient d'introduire dans les Assemblées d'arrondissement beaucoup d'intrigues fâcheuses.

Il est universellement reconnu, parmi tous ceux qui aiment l'ordre, que ce sont les plus riches propriétaires fonciers qui, ayant plus à perdre au désordre, sont naturellement plus attachés au maintien de la société; qui, d'ailleurs, à raison de leur aisance, ayant reçu une éducation plus cultivée, ont plus de lumières; qui, enfin, possèdent l'utile influence que donne la considération; que, par conséquent, il est à désirer que ce soient ceux-là qui aient part aux élections, soit comme électeurs, soit comme élus. D'après cela, quelle raison y a-t-il de ne pas leur confier entièrement l'élection en dernier ressort? Ce mode tranche toute difficulté. Il n'y a plus d'intrigue sur le choix des électeurs, quand c'est la loi qui les nomme.

cières, âgés au moins de trente ans, jusqu'au nombre fixé par l'article X.

Article XII.

Si la liste de ceux qui sont susceptibles d'être électeurs ne

Une commission de six membres du Conseil général de dé-

comprenoit que le nombre strict de ceux qui doivent l'être, il en résulteroit que le Collége électoral courroit risque de n'être pas complet, parce que plusieurs de ceux qui seroient compris dans la liste pourroient, par diverses raisons, ne pas se rendre à l'élection. En comprenant dans les listes un tiers subsidiaire de plus que le nombre exact, on a raisonnablement lieu de croire que ce nombre sera toujours complété.

partement, nommée et présidée par le préfet, arrête :

1° La liste de ceux qui, à raison de leurs impositions foncières et de leur âge, peuvent être appelés à composer le Collége électoral. Ces listes doivent excéder au moins d'un tiers le nombre de ceux dont le Collége doit être composé ;

2° La liste des candidats à l'éligibilité, nommés par les Assemblées d'arrondissement et de section.

Ces listes sont affichées dans toutes les communes du département, dix jours au moins avant l'ouverture du Collége électoral.

Article XIII.

Les Colléges électoraux de département nomment les députés à la Chambre, et présentent à la nomination du Roi les candidats pour le Conseil général du département.

TITRE TROISIÈME.

De l'élection des Députés.

Article XIV.

Chaque département élit le nombre des députés à la Chambre, déterminé par le tableau annexé à l'ordonnance du 13 juillet 1815.

ARTICLE XV.

Les Colléges électoraux de département choisissent au moins la moitié des députés parmi les candidats présentés par les Assemblées d'arrondissement et de section. Si le nombre total des députés du département doit être impair, le partage se fait à l'avantage de la partie qui doit être choisie parmi les candidats.

ARTICLE XVI.

Tout cet article est conforme aux art. XXXVIII et XXXIX de la Charte.

Nul ne peut être élu membre de la Chambre des Députés, s'il n'est âgé de quarante ans accomplis, et s'il ne paie une contribution foncière au moins de mille francs.

Néanmoins, s'il ne se trouvoit pas dans le département cinquante personnes de l'âge indiqué, payant au moins mille francs de contributions foncières, leur nombre sera complété par les plus imposés au-dessous de mille francs; et ceux-ci pourront être élus concurremment avec les autres.

ARTICLE XVII.

La question du renouvellement intégral ou partiel a été

La Chambre des Députés ne se renouvelle en totalité que

contradictoirement agitée dans la session de 1815. On préfère ici le renouvellement partiel, parce que la Charte le prescrit formellement, et qu'il est important de ne pas la contredire. Pour en proposer la réforme, en ce point, il faudroit que les inconvéniens du mode qu'elle établit fussent bien clairement démontrés : ce qui ne pourra être qu'après plusieurs années d'expérience, sous une bonne loi d'élection. Au reste, les raisons pour et contre l'un et l'autre système seront exposées ci-dessous.

lorsque le Roi juge à propos de la dissoudre; hors ce cas, elle se renouvelle par cinquième; ensorte que, chaque année, la cinquième partie des députés sorte de la Chambre, et soit remplacée par de nouvelles élections, suivant les formes prescrites par la présente loi.

ARTICLE XVIII.

Les préfets et commandans militaires des départemens ne peuvent être élus membres de la Chambre des Députés par les Colléges électoraux des départemens où ils exercent ces fonctions.

ARTICLE XIX.

Nul comptable envers le Trésor public ne peut être nommé membre de la Chambre des Députés, même après être sorti d'exercice, à moins que ses comptes n'aient été appurés par la Chambre des Comptes, et qu'il n'ait obtenu la décharge définitive.

ARTICLE XX.

Les députés de la Chambre peuvent être indéfiniment réélus.

ARTICLE XXI.

Les députés ne reçoivent aucun traitement.

TITRE QUATRIÈME.

Dispositions générales.

ARTICLE XXII.

Nul ne peut être membre d'une Assemblée électorale d'arrondissement, de section, de département,

S'il n'est Français ou naturalisé Français,

S'il ne jouit pas des droits civils,

S'il est débiteur failli, ou héritier immédiat, ou détenteur, à titre gratuit, de la succession totale ou partielle d'un failli.

S'il est en état d'interdiction, d'accusation ou de contumace; s'il a été privé par jugement de ses droits de vote et d'éligibilité.

ARTICLE XXIII.

Nul ne peut voter à-la-fois dans deux Assemblées d'arrondissement ou de section, ni dans deux Colléges électoraux.

Les citoyens qui paient la quotité d'impositions foncières exigée par la présente loi, pourront réunir ce qu'ils paient dans divers arrondissemens ou départemens.

Ils pourront voter à leur choix dans les Assemblées du lieu de leur domicile politique, ou dans celles où ils paient des impositions foncières. L'option qu'ils sont autorisés à en faire, devra précéder au moins de dix jours la confection des listes prescrites par les articles VI et XII. Faute de quoi, ils ne pourront être inscrits que dans les listes de leur domicile politique.

ARTICLE XXIV.

Toutes les Assemblées électorales d'arrondissement, de section et de département, sont convoquées par le Roi, qui détermine le lieu de leurs séances.

ARTICLE XXV.

Les Assemblées d'arrondissement, de section et de département, ne peuvent s'occuper d'aucune autre affaire que des élections, objet unique de leur convocation. Il leur est interdit de conférer aux élus une mission spéciale; de leur remettre des mandats, des cahiers ou des instructions.

ARTICLE XXVI.

Les Assemblées, soit d'arrondissement, soit de section, soit de département, ne peuvent, sous aucun prétexte, correspondre entr'elles, ni directement, ni indirectement.

ARTICLE XXVII.

Les séances ne sont pas publiques.

ARTICLE XXVIII.

Les ordonnances du Roi règlent les formes à observer dans les Assemblées, et les autres opérations qui ne sont pas déterminées par la présente loi.

ARTICLE XXIX.

Les présidens de toutes les Assemblées électorales sont nommés par le Roi. En cas de décès, ou d'empêchement de la personne nommée par le Roi, le préfet pourvoira au remplacement.

Les quatre plus anciens d'âge de l'Assemblée sont scrutateurs.

Le secrétaire est nommé par le président et les scrutateurs.

Dans le cas où on jugeroit plus utile que les scrutateurs fussent élus par l'Assemblée, cette partie de l'article pourroit être ainsi rédigée.

Les scrutateurs sont élus par l'Assemblée. Chacun des membres nomme une seule personne. Les quatre qui réunissent le plus de suffrages sont scrutateurs.

ARTICLE XXX.

Nulle force armée ne peut

être introduite dans l'enceinte de l'Assemblée, sans la réquisition du président.

Le commandant de la force armée est tenu de déférer aux réquisitions du président.

ARTICLE XXXI.

La violation de l'un des articles XXVI, XXVII et XXX ci-dessus, donne lieu à la dissolution de l'Assemblée, et rend nulles toutes ses opérations.

ARTICLE XXXII.

Afin de justifier de la quotité des impositions foncières exigées pour siéger dans les Assemblées électorales, on comptera :

Au mari, les impositions payées par sa femme, quoique non commune en biens.

Au père, celles de ses enfans mineurs, tant qu'il est chargé de l'administration de leurs biens.

Celles d'une veuve non mariée, en faveur de celui de ses fils, ou petits-fils, gendres, ou petits-gendres, qu'elle choisira.

Au fils, petit-fils, gendre, ou petit-gendre, celles de père, grand-père, beau-père ou arrière-beau-père, qui lui aura transféré son droit.

ARTICLE XXXIII.

La justification des impositions exigées par la présente loi, se fera par la présentation d'actes notariés, ou par les extraits des rôles des impositions, certifiés par le maire, et visés par le préfet ou sous-préfet.

ARTICLE XXXIV.

Les fonctions d'électeur, dans toutes les Assemblées, sont temporaires, et cessent avec les sessions.

Aucune Assemblée électorale ne peut durer plus de dix jours.

ARTICLE XXXV.

Les lois précédemment rendues sur les Assemblées électorales sont abrogées.

SUR

UN OU DEUX DEGRÉS D'ELECTION.

La question s'il est plus utile que l'élection à la Chambre des Députés soit faite par un ou par deux degrés, est de la plus haute importance. De sa solution dépend la composition bonne ou mauvaise de la Chambre. Ce principe étant reconnu de ceux qui sont, soit de l'une, soit de l'autre opinion, il seroit superflu de vouloir le prouver.

Cette question peut être considérée sous deux points de vue, ou du côté du droit, ou relativement à l'utilité.

Sur le premier point, c'est la Charte qu'il faut consulter. A-t-elle prononcé sur la question? Qu'a-t-elle prononcé?

Deux seuls articles de la Charte sont relatifs à la question. L'article XXXV porte : *La Chambre des Députés sera composée de Députés élus par les Colléges électoraux, dont l'organisation sera déterminée par des lois.*

L'article XL est ainsi conçu : *Les électeurs qui concourent à l'élection des Députés ne peuvent avoir droit de suffrage, s'ils ne paient une contribution directe de trois cents francs, et s'ils ont moins de trente ans.*

On a argumenté de ces dispositions en faveur de l'élection directe, ou par un seul degré. On a dit : *N'avoir pas parlé de deux degrés d'élection, c'est les avoir exclus.*

Cet argument certainement n'est pas très-fort. Ce dont une loi ne parle pas, elle ne l'interdit pas pour cela. Ce qui est vrai en thèse générale, est qu'elle ne le prescrit ni le proscrit.

Mais dans l'espèce particulière, il faut considérer quel étoit l'état des choses à l'époque de la Charte. Lorsque le Roi la dictoit, l'Assemblée législative qui existoit avoit été formée par deux degrés d'élection, de même que celles qui l'avoient précédée : l'élection par deux degrés avoit donc pour elle alors et l'état actuel et l'usage. Si le législateur de la Charte eût regardé cet état et cet usage comme vicieux ou comme dangereux, ne l'eût-il pas positivement supprimé? De ce qu'il l'a laissé subsister, de ce qu'il s'est contenté de renvoyer toute l'organisation des Colléges électoraux à une législation subséquente, il résulte une présomption beaucoup plus favorable que contraire à l'élection par deux degrés.

Mais deux faits très-importans prouvent quelles étoient, et l'intention dans laquelle la Charte étoit composée, et l'opinion universelle sur l'application spéciale de l'article XXXV de la Charte aux deux degrés d'élection.

Premier Fait. Lors de la confection de la Charte, M. Clausel de Coussergues étoit membre de la commission chargée de la rédiger. Il a imprimé, et cité neuf Pairs de France à l'appui de cette assertion, que *l'importance des deux degrés d'élection étoit à cette époque tellement reconnue, que le Ministre de l'Intérieur employa la première séance de la commission, non à en prouver la nécessité qui n'étoit pas contestée, mais à en rechercher le mode.* Telle étoit donc l'opinion générale des personnes qui rédigeoient la Charte, qu'il n'y avoit pas à discuter ce qui n'étoit pas contesté.

Deuxième Fait. Dans la session de 1815, la loi annoncée par l'article XXXV de la Charte, fut présentée aux Chambres au nom du Roi par ses Ministres, dont plusieurs avoient coopéré à la confection de la Charte. On ne peut mieux connoître dans quelle intention la Charte avoit été composée, que par la loi qui l'exécutoit : or l'élection par les deux degrés y étoit formellement prescrite. Ce principe n'éprouva aucune difficulté, et fut universellement adopté. Les oppositions qu'éprouva la loi portèrent sur des points étrangers au double degré d'élection. Qu'est-il donc arrivé depuis qui ait fait juger contraire à la Charte ce que dans le temps voisin de la publication de la Charte on jugeoit être l'esprit et le vœu de la Charte ?

Après avoir montré que le système des deux degrés est, non pas contraire, mais conforme à la lettre et à l'esprit de la Charte, il reste à examiner si dans son exécution il est utile. Pour en juger, comparons l'un à l'autre les deux modes d'élection.

On a d'abord objecté au système d'un degré unique d'élection deux inconvéniens de l'ordre physique.

Le premier est l'embarras qui, dit-on, a déjà été observé, de loger dans des villes, quelquefois d'une médiocre étendue, une multitude d'électeurs. Il est évident que cet inconvénient n'est pas le même dans les assemblées beaucoup moins nombreuses d'arrondissement, et surtout de section.

Le second inconvénient, plus grave encore de la réunion dans une seule assemblée, est le déplacement d'électeurs souvent éloignés du chef-lieu. Des vieillards, des infirmes devront braver l'intempérie de la saison, la difficulté des chemins; des cultivateurs seront forcés de quitter leurs travaux, des pères de famille d'abandonner leurs affaires; tous de se livrer à des dépenses fortes pour eux, soit pour le voyage, soit pour le séjour. Le résultat sera que beaucoup d'entre eux s'absenteront de l'assemblée. Et ce seront surtout les vieillards qui auroient apporté leur expérience, les cultivateurs attachés par leur intérêt à l'ordre, tous les hommes tranquilles qui préféreront leur repos à l'agitation inséparable des nombreuses assemblées. Ce seront précisément ceux qu'il seroit le plus désirable d'attirer aux assemblées, qui s'en retireront. Rien de tout cela n'est à craindre dans le système selon lequel chaque électeur est voisin du lieu de rassemblement. Il y en aura même beaucoup qui n'auront pas à se déplacer, qui pourront partir de leurs maisons le matin, pour y revenir le soir, après avoir assisté à la séance.

Etablissons la comparaison sous un autre point de vue. On a prétendu que les choix seroient beaucoup mieux faits dans de plus nombreuses assemblées, et qu'elles seroient beaucoup moins accessibles à l'intrigue.

Cette assertion a été produite comme une maxime tellement certaine, qu'on ne s'est pas occupé de la prouver. Pour la réfuter, il suffiroit peut-être d'alléguer l'expérience, qui dans ces sortes de matières est le juge le plus irrécusable; mais il est plus convenable de s'en tenir aux principes. Posons-en donc quelques-uns, dont la simple exposition démontrera que les assemblées d'arrondissement et de section seront, à raison même de leur moindre nombre, moins susceptibles d'être entraînées par des intrigues, que les nombreuses assemblées de département.

1° Les habitans du même arrondissement, et surtout de la même section, se connoissent beaucoup mieux entre eux que les habitans du département, beaucoup plus éloignés les uns des autres.

2° Il est beaucoup plus facile d'égarer par des intrigues, et de tromper sur des choix, les hommes qui ne se connoissent pas, que les personnes qui se connoissent.

3° Les deux degrés par lesquels l'élection devra se former, forçant l'intrigue à passer par cette double filière, et à se renouveler successivement dans chacune des deux assemblées, opposeront aux intrigans plus de difficulté, et mettront un obstacle à leurs manœuvres.

On a fait dans la session de 1816, contre le principe des deux degrés, des objections qui pour la plupart ne sont pas applicables au projet de loi ci-dessus. Elles combattoient un système d'élection qui avoit été proposé. Il consistoit à composer le premier degré d'électeurs payant au moins deux cent cinquante francs d'imposition, lesquels nommeroient les électeurs du second degré qui choisiroient les députés. Ce système fut attaqué avec avantage, d'abord par la Charte qui exige pour concourir aux élections au moins trois cents francs d'imposition, ensuite par le fait que ces nominations d'électeurs du second degré par ceux du premier donneroient ouverture à beaucoup d'intrigues. Il n'y a rien de pareil à objecter contre le projet de loi, qui n'admet, conformément à la Charte, dans les assemblées du premier degré, que des personnes payant au moins trois cents francs, et qui faisant électeurs du second degré les plus imposés, ne laisse aucun lieu aux intrigues sur la composition du Collége électoral de département.

On a beaucoup discuté sur le mot *concourir* aux élections, employé par la Charte. On a prétendu qu'il n'y avoit pas de concours dans les électeurs du premier degré. Sans entrer dans des disputes grammaticales, il est évident que dans le projet ci-joint les électeurs du premier degré concourent au moins au choix de la moitié des députés, puisqu'on ne peut la choisir que parmi ceux qu'ils ont nommés.

On a cité l'exemple de l'Angleterre où les élections se font par un seul degré. Mais d'abord veut-on s'abonner à tous les moyens d'intrigue, de séduction, de corruption, de violence, employés dans les assemblées électorales d'Angleterre? Ensuite il existe dans l'Angleterre un remède à ces graves inconvéniens, lequel n'existe pas et ne peut exister parmi nous. C'est le patronage des grands seigneurs, qui leur donne sur les élections de leurs comtés une influence énorme.

Il est bon de prévenir une difficulté qui pourroit être proposée contre le projet de loi ci-joint. Il compose les assemblées électorales du premier degré, dans les arrondissemens et les sections, de tous ceux qui paient au moins trois cents francs d'impositions foncières. Les grands propriétaires, ceux qui doivent former les assemblées du second degré, seront donc admis dans celles du premier. Est-il juste de leur donner un double droit? N'est-ce pas laisser aux hommes riches une trop grande influence?

Il n'y a de contraire à la justice que ce qui nuit à quelqu'un. Or quel tort fait aux petits propriétaires l'admission des riches conjointement avec eux? Ne peut-on pas au contraire demander s'il est juste que les grands propriétaires soient exclus de ces assemblées? Quels seroient d'ailleurs ceux qu'on rejetteroit? Peut-on dans une assemblée primaire de l'arrondissement savoir ceux de tout le département qui sont le plus imposés? et savoir en même temps d'avance ceux qui voudront être de l'assemblée, ceux qui ne préféreront pas d'être électeurs dans d'autres départemens?

Quant à l'influence qu'auroient les riches dans leurs arrondissemens, loin d'être dangereuse, elle est au contraire très-utile. 1° Il est utile, et tout le monde en convient, que les plus intéressés au maintien de l'ordre aient le plus d'influence; et les plus intéressés sont certainement ceux qui auroient le plus à perdre au désordre. 2° Cette influence des riches ne seroit autre que la considération attachée à leur état et à l'estime qu'ils se seroient conciliée: celle-là n'a certainement pas d'inconvénient. 3° La présence des électeurs du second degré dans les assemblées du premier présente même un avantage: c'est qu'ils pourront y prendre, par ce qu'ils entendront dire, la connoissance de l'opinion publique du pays sur ceux qu'ils auront à élire pour la députation.

SUR
LA CONTRIBUTION DIRECTE OU FONCIÈRE.

La Charte, article XL, porte que *Nul ne peut être électeur, s'il ne paie au moins une contribution directe de trois cents francs.*

Le projet de loi proposé énonce que pour être électeur dans les assemblées d'arrondissement, il faut payer au moins trois cents francs d'imposition *foncière.*

Les deux expressions *contribution directe*, *imposition foncière*, sont certainement différentes, et ne présentent pas le même sens. Mais sont-elles opposées ? énoncent-elles des idées contraires ?

Quelques observations très-simples vont éclaircir cette question.

1° Il s'agit ici de l'organisation des Colléges électoraux, qui, selon l'article XXXV de la Charte, doit être soumise à la législation et déterminée par des lois.

2° La Charte n'ordonne pas que tous ceux qui paieront trois cents francs de contribution directe seront électeurs. Elle déclare uniquement que ceux-là seuls pourront être membres des assemblées électorales. Elle remet à la législation le soin de statuer quels seront les payant trois cents francs de contribution directe qui seront électeurs.

3° Il résulte de là qu'en vertu de la Charte, la puissance législative est revêtue du pouvoir de déclarer quelles sont celles des contributions directes qui donnent droit de concourir aux élections ; et que pourvu qu'elle se tienne au principe général qu'il n'y a que des contributions directes qui donnent entrée aux Colléges électoraux, elle a droit d'exclure tel genre particulier d'imposition qu'elle juge convenable.

4° Il est évident que les impositions foncières font partie des impositions directes.

5° Il résulte de tout cela que la législation qui substituera le mot *imposition foncière* au mot *imposition directe*, ne contredira nullement la Charte ; qu'elle ne fera que déterminer, en vertu du pouvoir qui lui est conféré par la Charte, quel sera le genre d'impositions directes qui donnera la faculté de concourir à l'élection des députés.

Mais cette subrogation d'expressions, ou plutôt cette limitation des impositions directes aux seules impositions foncières, est-elle utile ou nuisible ? Autre question, dont la solution ne paroît pas difficile.

Si on veut admettre aux Colléges électoraux tous ceux qui paient trois cents francs d'impositions directes, on y introduit tous ceux qui paient des patentes fixées à cette somme. Or de là résultent de très-graves inconvéniens.

D'abord on jette dans les Colléges électoraux, surtout des grandes villes, une multitude qui les fait dégénérer en cohues. Le nombre des petits patentés excédera souvent le nombre des propriétaires ; et ce seront en dernière analise ces hommes-là qui nommeront les députés ; c'est-à-dire, ce seront des hommes sans instruction et faciles à séduire, sans fortune et susceptibles de corruption. Sont-ce ceux-là qui ont le plus d'intérêt au bon ordre, le plus à craindre du désordre ?

Ensuite un autre inconvénient, plus grave encore, est la fraude à laquelle ce mode ouvre une large ouverture. Tout homme se soumettant à payer trois cents francs, peut se faire expédier une patente. Mais il n'est pas nécessaire de payer tout de suite les trois cents francs ; la contribution des patentes ne se paie que par douzième à chaque mois : ainsi en soldant la mince somme de vingt-cinq francs, on acquiert une patente, et on devient électeur de droit. Il en résulte que tout homme assez riche pour faire le sacrifice de deux mille cinq cents francs, peut acquérir cent électeurs à ses ordres. Ce qui avoit été prédit et prévu par de bons esprits a été confirmé par l'événement. Il est nécessaire de faire disparoître ce honteux et funeste trafic des suffrages. C'est ce qu'opérera efficacement et sans retour la loi qui n'admettra aux Colléges électoraux que ceux qui paient des impositions foncières.

Pour justifier l'admission des patentés dans les assemblées électorales, on a dit qu'il est utile qu'il y ait dans la Chambre des Députés des membres du commerce.

Sans doute la Chambre ayant à s'occuper d'affaires de finance et de commerce, il est important qu'il s'y trouve des personnes qui entendent parfaitement ces matières.

Mais 1° des petits marchands qui paient trois cents francs de patente sont-ils bien en état de connoître et bien propres à choisir ceux qui sont les plus instruits des matières financières et commerciales, et les plus capables de les traiter?

2° Presque tous les gros négocians ont des biens-fonds en maisons ou en terres, qui paient des impositions foncières. Ils jouissent d'ailleurs dans leurs départemens, à raison de leur richesse, d'une considération d'après laquelle ils n'ont pas besoin, pour obtenir des suffrages à la députation, de ceux des petits patentés.

3° Si on trouve que l'intérêt du commerce exige davantage, on pourroit revenir à une idée qui avoit été proposée. C'est d'accorder aux principales villes de commerce des députés spéciaux, choisis parmi les principaux négocians. Dans ce cas l'article qui le prescriroit pourroit être ainsi conçu:

« Il est accordé au commerce de la ville de Paris d'avoir deux députés, et au commerce des villes de Lyon, de Marseille, de Bordeaux, de Nantes, de Rouen, d'en avoir chacun un. Pour procéder aux nominations de ces députés, les corps municipaux de ces villes nommeront, savoir : celui de Paris huit négocians, ceux des cinq autres villes chacun quatre négocians ayant les qualités prescrites par la Charte. Ils les présenteront au Collége électoral de leur département, lequel entre les présentés choisira les députés, en sus de ceux qu'il a droit de nommer selon la loi. »

SUR

LE RENOUVELLEMENT INTÉGRAL OU PARTIEL.

DANS la session de 1815, fut agitée avec chaleur la question de savoir si la Chambre des Députés devoit être renouvelée chaque année par un cinquième, ou au bout de cinq ans intégralement. Avant de rapporter les principales raisons qui furent produites en faveur de l'un et de l'autre sentiment, il est bon de faire quelques observations.

La Charte constitutionnelle prescrit textuellemunt le renouvellement partiel. L'article XXXVII est ainsi conçu : *Les députés sont élus pour cinq ans, et de manière que la Chambre soit renouvelée chaque année par cinquième.*

Mais il est universellement reconnu que le pouvoir législatif, c'est-à-dire que le Roi avec ses deux Chambres, ont le pouvoir de modifier et de changer les articles de la Charte, dans lesquels l'expérience leur auroit fait découvrir des inconvéniens.

Il y a plus, par une ordonnance du 13 juillet 1815, le Roi avoit proposé aux Chambres de revoir certains articles de la Charte; et l'article XXXVII étoit du nombre. Tel étoit l'état des choses sur cette question, lorsqu'elle étoit débattue dans la session de 1815.

Mais depuis, par une ordonnance du 5 septembre 1816, le Roi a déclaré qu'il vouloit qu'aucun changement ne fût fait à la Charte. En conséquence, dans la session de 1816, la question du renouvellement total ou fractionnaire ne fut pas mise en délibération.

Il faut maintenant passer à l'exposition des raisons alléguées de part et d'autre.

On a d'abord reproché au renouvellement partiel d'avoir été imaginé par la Convention, pour se perpétuer dans les Conseils; et d'avoir produit le 13 vendémiaire.

Les réponses à ces objections n'ont pas manqué. 1° Qu'importe l'origine du mode, s'il est utile? 2° Qu'importe en soi, et indépendamment de la Convention, que ce genre de renouvellement ait été institué pour perpétuer le gouvernement criminel, si dans l'état actuel il peut donner de la stabilité au gouvernement légitime? 3° De ce que la même assemblée a produit le renouvellement partiel et le 13 vendémiaire, il ne s'en suit nullement que le renouvellement partiel ait produit le 13 vendémiaire. 4° Lors de son heureux retour en 1814, le Roi a-t-il eu lieu d'être mécontent du Corps Législatif formé selon ce système?

On a dit encore contre le renouvellement partiel qu'il gênoit le pouvoir du Roi de dissoudre la Chambre, parce que quand il l'exerceroit, il feroit tort à ceux des députés qui n'auroient pas siégé tout leur temps, et mettroit une différence injuste entre les départemens, dont les uns procéderoient deux fois en cinq ans aux élections, tandis que les autres n'y procéderoient qu'une fois.

Il a été répondu que la dissolution de la Chambre ne fait aucune injustice aux députés qui auront accepté la députation sous cette condition; que d'ailleurs l'inégalité du temps de leur séance, étant l'ouvrage du sort, ne blesse pas l'égalité des droits. Les départemens ne sont pas non plus lésés, parce que les élections plus ou moins fréquentes ne sont pas un avantage ou un désavantage.

On a prétendu que par des élections partielles on ne

connoîtroit l'opinion actuelle que d'un cinquième de la nation.

La réponse a été que les quatre cinquièmes restans connoîtroient toujours pleinement l'opinion de leurs départemens, soit par les relations qu'ils y entretiendroient, soit parce qu'un grand nombre des membres y retournent dans l'intervalle des sessions.

Un autre point a été l'objet de la controverse : c'est la correspondance des Ministres avec les Chambres, et l'influence dont il est utile qu'ils jouissent. On a dit d'un côté que les Ministres ne pourroient pas bien connoître une Chambre dont un cinquième se renouvelleroit annuellement; qu'il leur seroit par conséquent impossible d'être assurés de la majorité. De l'autre on a répondu d'abord qu'il seroit facile aux Ministres d'avoir, dans les élections des départemens où se feroit le changement, l'influence d'obtenir des députés qui pour la plupart seroient dans le sens du gouvernement; ensuite que ce seroit dans le cas où la Chambre se renouvelleroit tout entière que les Ministres auroient plus de peine à la connoître et de difficulté à y influer.

Les difficultés les plus frappantes contre les deux systèmes sont tirées des inconvéniens que l'on a allégués, soit contre l'un, soit contre l'autre. D'une part on a avancé qu'une Chambre renouvelée seulement par cinquième seroit en permanence; d'où il résulteroit qu'elle pourroit prendre un esprit de corps dangereux. De l'autre on a soutenu qu'une Chambre qui arriveroit en entier auroit la prétention de faire mieux que toutes celles qui l'auroient précédée; ce qui jetteroit le gouvernement dans de perpétuelles variations. A ces objections opposées, la même réponse a été donnée, et elle est tranchante. Le Roi dissoudra la Chambre, soit lorsqu'il s'y formera un esprit de corps dangereux, soit lorsqu'elle voudra introduire des innovations nuisibles.

D'après ces raisons respectives qui se balancent avec une sorte d'égalité, il n'est pas étonnant que dans la session de 1815 la question ait été vivement débattue. Mais de là même il paroît résulter que cette question n'a pas la haute importance qu'on y attachoit, lorsqu'il s'agissoit de conserver ou de changer la Chambre qui existoit alors. Que la loi sur les élections soit telle qu'elle donne de bons députés, il n'importe pas beaucoup qu'elle les donne tous à la fois au bout de cinq ans, ou que chaque année elle en ramène de nouveaux, animés du même bon esprit que ceux auxquels ils viendront se joindre. C'est cette proportion entre les motifs des deux systèmes, qui a fait préférer dans le projet de loi ci-dessus la disposition conforme à la Charte, règle suprême à laquelle il est très-important que le corps législatif ne déroge que sur de très-puissantes raisons. Cependant si on jugeoit les motifs pour le renouvellement intégral tellement supérieurs à ceux qui militent pour le renouvellement partiel, qu'ils exigent un changement à la Charte, l'article XVII de la présente loi pourroit être ainsi conçu :

« Les députés sont élus pour cinq ans. La Chambre est renouvelée en entier à ce terme, à moins que dans l'intervalle le Roi juge à propos de dissoudre la Chambre. »

FIN.

A. EGRON, IMPRIMEUR
DE S. A. R. MONSEIGNEUR, DUC D'ANGOULÊME,
rue des Noyers, n° 37.

www.ingramcontent.com/pod-product-compliance
Ingram Content Group UK Ltd.
Pitfield, Milton Keynes, MK11 3LW, UK
UKHW020442220726
13923UKWH00005B/2273

9 782019 280581